Johann

Kleines Goethe-Kochbuch

Auf kulinarischen Spuren des Dichters

Fotografiert von Günter Pump

Husum

Auf kulinarischen Spuren des Dichters

Johann Wolfgang von Goethe (1749–1832) wusste gutes und reichliches Essen zu schätzen. Das geht vor allem aus einer fast unüberschaubaren Zahl an Briefen und anderen Aufzeichnungen hervor, sowohl von ihm selbst als auch von seinen Zeitgenossen. So gibt zum Beispiel sein Briefwechsel mit Charlotte von Stein, der er u. a. häufig Obst und Gemüse aus dem eigenen Garten schickte – gern, um die Köstlichkeiten später gemeinsam mit ihr zu verspeisen – einigen Aufschluss darüber, was und mit wem der Dichter aß. Auch was ihm auf Auslandsreisen an regionalen Spezialitäten aufgetischt wurde, findet seinen Niederschlag in Goethes Aufzeichnungen.

Während seiner häufigen Abwesenheiten von zu Hause bat er oft seine Frau

Christiane, ihm ganz bestimmte Speisen und Getränke an seinen jeweiligen Aufenthaltsort zu schicken. Die Briefe der Eheleute verraten vieles über den goetheschen Haushalt und die Ess- und nicht zuletzt Trinkgewohnheiten.

Auch seine Mutter schickte mehr oder weniger regelmäßig aus Frankfurt Lebensmittel an den Sohn. Geschätzte Spezialitäten aus seiner Heimat sind u. a. der Frankfurter Presskopf, Frankfurter Brenten und Offenbacher Pfeffernüsse. Die berühmte Grüne Soße hingegen, die oft mit dem Dichter in Verbindung gebracht wird, scheint zu seiner Zeit noch gar nicht bekannt gewesen zu sein. Viele der Gerichte, die im Hause Goethe auf den Tisch kamen, gehen auf das Kochbuch seiner Großmutter Lindheimer zurück.

Für das „Kleine Goethe-Kochbuch" wurden Gerichte, die im Leben des Dichters eine Rolle spielten, unseren heutigen Küchen- und Essgewohnheiten so angepasst, dass sie einfach nachgekocht werden können. So lässt sich auch heute ein Schmaus à la Goethe mit gepflegter Geselligkeit und anregenden Gesprächen ganz im Stile des Dichters genießen.

„Wenn Sie jemand mit einem Korbe schicken wollen sollen Sie noch mehr haben, auch Radiesgen und Salat."

Radieschen- und Wildkräutersalat

4 bis 6 Handvoll Wildkräuter (z. B. Vogelmiere, Spitzwegerich, Bärlauchblätter und -blüten, Löwenzahn, Giersch, Weinberglauch, Schnittknoblauch, Gänseblümchen, Blüte vom Gundermann), 10 Radieschen, 2 EL geröstete Sonnenblumenkerne, 2 kleine, gekochte Kartoffeln, 250 ml Buttermilch, 1 kleine Knoblauchzehe, $^1/_2$ TL Senf, 2 EL Rapsöl, 2 EL Apfelessig, Kräutersalz, Pfeffer.

Kräuter waschen und trocken tupfen, in mundgerechte Stücke zupfen, Radieschen in Scheiben schneiden.
Kartoffeln klein schneiden, mit der Buttermilch pürieren. Die gepresste Knoblauchzehe, Senf, Öl, Essig, Kräutersalz und Pfeffer unterrühren.
Den Salat mit Blüten anrichten. Die Sonnenblumenkerne darüberstreuen und mit der Kartoffelvinaigrette servieren.

„Aus Ihrer Tasse trinck ich Bouillon und schicke Ihnen in dem erwünschten Regen aufgeblühte Blumen."

Bouillon

1 Suppenhuhn, 1 Bund Suppengrün, Salz.

Das gewaschene Huhn mit Salzwsser bedecken und zum Kochen bringen.
Im geschlossenen Topf etwa 90 Minuten kochen. Das Suppengrün putzen und klein schneiden,
dann 20 Minuten vor dem Ende der Garzeit in den Topf geben. Die Brühe abschmecken.
Das Hühnerfleisch von den Knochen trennen und klein schneiden.
Die Brühe mit dem Fleisch und Suppengrün in Suppentassen anrichten und zum Schluss mit gehackter Petersilie bestreuen.

„[…] Meine Küche giebt mir nur Erbsen […], nach 12 schick ich Sie noch um einen Beytrag zu bitten."

Mangoldsuppe mit Erbsen

300 g Kichererbsen, 100 g Zwiebeln, 4 Knoblauchzehen, je 500 g Mangold und Tomaten, 3 EL Olivenöl, $^{1}/_{4}$ TL Salz, 2 Msp. frisch gemahlener schwarzer Pfeffer, 2 Msp. Cayennepfeffer, 1 TL Rosenpaprikapulver, 2 Lorbeerblätter, 1 EL Tomatenmark, 2 Scheiben Weißbrot vom Vortag.

Die Erbsen mit Wasser bedecken und über Nacht einweichen. Abgießen und in $1^{1}/_{2}$ l Wasser zugedeckt etwa $1^{1}/_{2}$ Stunden köcheln lassen. Die Zwiebeln und den Knoblauch schälen und fein hacken. Den Mangold putzen, waschen und streifig schneiden. Die Tomaten häuten und vierteln. 2 EL Öl in einer Pfanne erhitzen, die Zwiebeln und den Knoblauch darin glasig braten, den Mangold und die Tomaten kurz mitbraten und unter die Kichererbsen mischen. Die Suppe mit den Gewürzen abschmecken und mit den Lorbeerblättern und dem Tomatenmark 30 Minuten leicht kochen lassen. Das Brot entrinden, würfeln und im übrigen Öl braten. Die Lorbeerblätter entfernen, die Suppe anrichten und mit den Croutons bestreuen.

„Sie waren gestern untröstlich, als ich von der Zwiebelsuppe nicht aß, wollten gleich eine andere machen […]"

Zwiebelsuppe

400 g Zwiebeln, 40 g Butter, 800 ml kräftige Fleischbrühe, Salz, Pfeffer, 8 Scheiben Baguette, 50 g geriebener Käse, 4 Zweige Thymian.

Zwiebel schälen und fein würfeln, in der Butter gelb andünsten und mit der Brühe auffüllen. 30 Minuten köcheln lassen.
Die Baguettescheiben rösten. Zwiebelsuppe in ofenfeste Teller oder Tassen geben und mit den Baguettescheiben bedecken. Den Käse auf die Brote streuen und 5–10 Minuten im auf 220 °C vorgeheizten Backofen überbacken.
Mit Thymian garniert servieren.

„Ich habe meine Weinsuppe gegessen - liebe Frau ich weis auch Zeiten wo ich früh aufgestanden bin [...]“

Weinsuppe

$1\,^{1}/_{2}$ l Wasser, Schale einer Zitrone, 125 g Perlgraupen, 100 g Rosinen, Saft von 1 Zitrone, $^{1}/_{2}$–$^{3}/_{4}$ l Weißwein, 2 Eier, Zucker.

Die Perlgraupen und Rosinen mit der Zitronenschale im Wasser gar kochen. Zitronensaft und Weißwein dazugeben. Eier mit dem Zucker zum Zuckerei schlagen und an die Suppe geben.

„[...] aber wenn ich in der weiten Welt nichts aufzutreiben weis als Hasen."

Hasenbraten mit Teltower Rübchen

1 küchenfertiger Hase, 250 g durchwachsener Speck, 2 Zwiebeln, 2 Lorbeerblätter, 2 Glas Rotwein, $^{1}/_{8}$ l saure Sahne, 2 EL Johannisbeergelee, Salz, Petersilie.
1000 g Teltower Rübchen, 20 g Zucker, 40 g Butter, 30 g Mehl, Salz.

Den Hasen evtl. häuten, den Speck in Würfel schneiden und im offenen Bräter anbraten. Die klein geschnittenen Zwiebeln, die Lorbeerblätter und den Rotwein zugeben. Das Fleisch im Backofen etwa 40 Minuten garen lassen. Anschließend den Hasen warm stellen, die gehackte Petersilie und die Sahne an den Bratenfond geben. Mit Johannisbeergelee und Salz abschmecken.
Die Rübchen schaben, waschen und in einem Tuch trocknen. Dann zuerst den Zucker bräunen, die Butter hinzufügen und die Rübchen darin anbräunen. Danach das Mehl überstäuben, mit $^{3}/_{4}$ l Wasser ablöschen und salzen. Die Rübchen brauchen ziemlich lange, bis sie weich sind. Das kann bis zu 60 Minuten dauern.

„Hier noch zur guten Nacht, ein Ragout. – Allerley – bewürzt – !“

Rehragout

800 g Rehfleisch, 1 Möhre, 100 g Champignons, 100 g Sellerieknolle, 1 Zwiebel, 1 Stück Zitronenschale, 2 Nelken, 1 Lorbeerblatt, je 5 Pfefferkörner und Wacholderbeeren, 1 EL Tomatenmark, Salz, Pfeffer, 40 g Fett, $^{1}/_{2}$ l Brühe, $^{1}/_{2}$ l Rotwein.

Möhre, Champignons, Sellerie und Zwiebel putzen und würfeln. Das Fleisch in mundgerechte Würfel schneiden. Zitronenschale, Nelken, Pfeffer, Lorbeer und Wacholder in ein kleines Säckchen einbinden.

Fleisch in heißem Fett kräftig anbraten. Das vorbereitete Gemüse mitschmoren. Tomatenmark zufügen und anrösten. Das Fleisch salzen, pfeffern und mit Rotwein ablöschen. Kurz aufkochen, mit Brühe auffüllen und das Gewürzsäckchen zugeben. Im geschlossenen Topf 20 Minuten schmoren und die Gewürze wieder entfernen. Weitere 40 Minuten bei kleiner Hitze schmoren, bis das Fleisch weich ist. Mit Salz und Pfeffer abschmecken.

„Recht lieb wären Sie wenn Sie zu Mittag bey mir essen wollen, ich lies ein Phasan braten […]“

Fasan in Rotweinsauce

1 küchenfertiger Fasan (etwa 1200 g), 1 EL Butterschmalz, 100 g Zwiebeln, 100 g Staudensellerie, 100 g Möhren, 250 g Tomaten, 1 EL Mehl, 1 Lorbeerblatt, 5 Pimentkörner, 5 Pfefferkörner, 2 Gewürznelken, abgeriebene Schale einer Zitrone, $^1/_2$ l Rotwein, Salz, Pfeffer.

Den Fasan unter fließendem Wasser gründlich waschen und trocken tupfen. Brüste und Keulen auslösen und parieren, salzen und pfeffern. Den restlichen Fasan in kleine Stücke hacken. Keulen und Brüste gut anbraten, herausnehmen. Die Knochenstücke in demselben Fett anbräunen. Zerkleinerte Möhren, Zwiebeln und Sellerie auch bräunen, dann die gewürfelten Tomaten einrühren und die Flüssigkeit fast verdampfen lassen. Das Mehl einstreuen, gut durchrühren. Wenig Rotwein dazugeben und einkochen lassen. Diesen Vorgang wiederholen, bis der Wein verbraucht ist. 500 ml Wasser dazugeben, aufkochen. Fleisch, zerdrückte Gewürze, Lorbeerblatt und Zitronenschale dazugeben und köcheln lassen. Nach 40 Minuten eine Garprobe machen. Der Fasan ist gar, wenn das Fleisch auf Fingerdruck elastisch nachgibt. Es ist dann innen rosa und saftig. Den Topfinhalt durch ein feines Sieb streichen und abschmecken. Dazu passen Rotweinfeigen und Gemüse der Saison ausgezeichnet.

„Die vorzüglichen Wildgerichte [...] haben sicher den Sonntags-Speisezettel im Hause Textor bereichert.“

Hirschsteak mit glasierten Birnen

500 g Hirschsteak, 1 zerdrückte Knoblauchzehe, 1 EL Oregano, 1 TL Paprikapulver, 1 Orange, davon Schale und 2 EL Saft, 2 EL Olivenöl.
2 Birnen, Saft von 1 Zitrone, 3 Wacholderbeeren, 1 Zweig Thymian, 3 EL Butter, 2 Päckchen Vanillezucker, Saft von 1 Orange, 2 EL Orangenmarmelade, 1 EL Preiselbeeren, 1 Sternanis, 1 EL gewürfelter Bauchspeck, 1 EL fein gewürfelte Schalotte, 1 EL fein gehackte Walnusskerne.

Die Steaks in eine flache Schale legen. Knoblauch, Oregano, Paprika, Orangenschale und -saft vermischen und das Fleisch darin 15 Minuten marinieren. Eine Pfanne erhitzen, das Fleisch mit Öl bestreichen und würzen. Von jeder Seite etwa 3–4 Minuten anbraten. Auf einen Teller legen, abdecken und 5 Minuten ruhen lassen.
Die Birnen schälen, halbieren und das Kerngehäuse herausschneiden. Die Birnenhälften mit Zitronensaft einreiben. Wacholderbeeren fein hacken und auf die Birnen streuen. Den Vanillezucker in 2 EL Butter schmelzen. Darin die Birnen leicht karamellisieren. Mit Orangensaft ablöschen, Orangenmarmelade, Preiselbeeren, Thymian, Sternanis hinzufügen. Den Speck glasig braten, die übrige Butter, die Schalotten und die Walnusskerne dazugeben und kurz anbraten. Diese Speckmischung zu den Birnen geben. Mit gerösteten Vollkornbrotwürfeln anrichten.

„Wenn Sie mögen lass ich den Rehrücken braten und bring ihn zu Ihnen dass wir ihn zusammen verzehren.“

Rehmedaillons mit Kartoffelplätzchen und Rotweinsauce

500 g Rehrückenfilet, 12 Scheiben Bacon, Salz, Pfeffer aus der Mühle, 2 EL Öl, 200 ml Wildfond.

Für Kartoffelplätzchen: 500 g mehligkochende Kartoffeln, 2 Eigelb, 10 g Butter, 2 EL Crème fraîche, Salz, frisch geriebene Muskatnuss, 1 Ei, ca. 80 g Paniermehl, 2 EL Öl, 20 g Butter.

Sauce: 2 Schalotten, 50 g Butter, 3 EL Cognac, 400 ml Rotwein, 1 Bund Petersilie, 100 g Kalbsfond, 2 EL Crème fraîche, Salz, Pfeffer, Zucker.

Filet in 12 Medaillons schneiden, mit Bacon umwickeln und mit Küchengarn fixieren. Salzen und pfeffern und 4–5 Minuten braten, dabei oft wenden. Herausnehmen und warm halten. Mit Wildfond den Bratenansatz loskochen. Bei Bedarf binden und abschmecken.

Kartoffeln pellen und durch die Kartoffelpresse drücken. Eigelbe, Butter, Crème fraîche, Salz, Muskat dazugeben und gut verrühren. Kleine Plätzchen formen. In Ei und Paniermehl wenden und goldgelb braten.

Schalotten fein würfeln, in Butter anschwitzen, mit Cognac ablöschen. Rotwein im zweiten Topf um die Hälfte reduzieren. Kalbsfond, Crème fraîche und reduzierten Rotwein zu den Schalotten geben und alles auf 250 ml reduzieren. Mit Salz, Zucker, Pfeffer und gehackter Petersilie abschmecken.

„[…] ich werde deswegen den Überrest des Ferkels schicken damit er auf dem Roste aufgebraten werden kann."

Spanferkel auf Spitzkohl

1000 g Spanferkelschulter in Scheiben.
1 Kopf Spitzkohl, 40 g Zucker, 2 EL Obstessig, 30 g Schweineschmalz, Pfeffer, Salz.

Das Fleisch in einer Grillpfanne garen und den Bratenfond als Sauce zubereiten.
Den Kohl in größere Rauten schneiden und in Salzwasser blanchieren.
Den Zucker schmelzen, mit Essig ablöschen und das Schmalz dazugeben. Den blanchierten Kohl darin garen. Immer auf genügend Flüssigkeit achten.
Zum Schluss den Spitzkohl würzen.

„Auch schick ich das Schweinsköpfgen und Rückgen."

Schweinebraten

1500 g Schweinefleisch mit Schwarte (Mittelkamm oder Nackenkamm), Wasser, Salz.

Die Schwarte mit einem Messer bis zum Fleisch anritzen. Das Fleisch mit der Schwarte nach unten in eine ofenfeste Form legen. Kochendes Wasser hinzugeben, bis sich die Schwarte ganz im Wasser befindet.
Im Ofen bei 250 °C etwa 20 Minuten kochen lassen. Fleisch umdrehen und die Schwarte mit Salz einreiben. Das Fleisch im Ofen bei 180 °C etwa 80 Minuten garen lassen, bis die Schwarte knusprig ist.

„In Ihrer Abwesenheit lass ich mir doch etwas Sauerbraten holen, und geb Ihnen dagegen eine gute Nacht."

Sächsischer Sauerbraten

800 g Rinderfilet, 350 ml Wasser, 350 ml Tafelessig, 250 ml trockener Rotwein, je 150 g Zwiebeln, Möhren, Sellerie, 20 g Rosinen, 40 g Mehl, 40 ml Speiseöl, 150 ml Bratensauce, Salz, Zucker, Pfefferkörner, Nelken, Piment, Lorbeerblätter.

Fond aus Wasser, Essig, Nelken, Lorbeer, Piment, Pfefferkörnern und einem Teil des klein geschnittenen Gemüses kochen, erkalten lassen und Rindfleisch damit bedecken. Drei Tage durchziehen lassen. Danach Fleisch herausnehmen, in einem Topf mit Öl von allen Seiten scharf anbraten, mit Salz und Pfeffer würzen. Das restliche Gemüse in große Würfel schneiden, im Topf anschwitzen, mit Zucker karamellisieren, mit Rotwein und einem Teil des Fonds ablöschen, bei mittlerer Hitze reduzieren lassen, den restlichen Fond und die Bratensauce zugeben. Dann das Fleisch in den Topf legen, mehrmals wenden und etwa $1^3/_4$ Stunden schmoren. Das gare Fleisch wird aus dem Topf genommen und die Sauce mit Rotwein, Salz, Pfeffer, Zucker und Essig abgeschmeckt. Danach mit Mehl abbinden und die Rosinen dazugeben.
Mit Sächsischen Kartoffelklößen und Apfelrotkohl servieren.

„Bratwürstchen, welche dort [Nürnberg] so vorzüglich gut gefertiget werden […] mit Majoran gewürzt und ein wenig geräuchert.“

Nürnberger Bratwürste mit Feldsalat

750 g Kartoffeln, Salz, 150 g Feldsalat, 150 ml Milch, 50 g Butter, Pfeffer, geriebene Muskatnuss, 100 g rote Zwiebeln, 4 EL Öl, 50 g brauner Zucker, 50 ml roter Portwein, 50 ml dunkler Balsamico-Essig, 12 Nürnberger Bratwürstchen, 20 g Parmesankäse.

Die geschälten Kartoffeln klein schneiden und in Salzwasser gar kochen. Den geputzten Salat waschen und trocken schütteln. Die Milch und die Butter im Topf erhitzen.

Die gestampften Kartoffeln mit der Milch und Muskatnuss vermischen und warm halten.

Die geschälten Zwiebeln erst halbieren und dann in Scheiben schneiden. Zwiebel in Öl andünsten und mit Zucker bestreuen und karamellisieren. Mit Wein und Essig ablöschen und etwa 30 Minuten köcheln lassen.

Die Nürnberger in Öl knusprig braten. Feldsalat und Zwiebeln vermischen.

Mit Salz und Pfeffer abschmecken und zum Schluss mit gehobeltem Parmesan bestreuen.

„Die Würste, die Du mir geschickt hast, haben mir recht wohl geschmeckt."

Schweinewurst mit Kartoffelsalat

2000 g frisches Hackfleisch vom Schwein, 1 TL schwarzer Pfeffer, 1 TL frischer gehackter Rosmarin, $^{1}/_{2}$ TL gehackte Knoblauchzehe, 8 Eier, 40 g Salz, weißer Pfeffer, 8 Zwiebeln, 4 TL Flüssiggewürz, Muskat, 200 g Butter.
1000 g Kartoffeln, $^{1}/_{4}$ l kräftige Fleischbrühe, 2 Zwiebeln, 4 EL Walnussöl, 4 EL Speiseöl, 5 EL Essig, 3 Frühlingszwiebeln.

Alle Zutaten für die Wurst in einer Schüssel gründlich vermischen und mit Salz abschmecken. Die Wurstmasse in einen Naturdarm füllen (beim Fleischer vorbestellen). Fett in der Pfanne erhitzen und die Würste ausbraten.
Kartoffeln in reichlich Salzwasser als Pellkartoffeln kochen, abgießen, abschrecken und noch heiß pellen und in Scheiben schneiden, dann mit der Fleischbrühe mischen.
Die Zwiebeln schälen, ganz fein hacken und in 2 EL Walnussöl braun braten.
Das restliche Walnussöl mit Speiseöl und Essig verrühren.
Die Frühlingszwiebeln putzen, das Weiße hacken, das Grüne in feine Ringe schneiden. Kartoffeln mit der Essig-Öl-Sauce und den Frühlingszwiebeln mischen und mit etwas Salz abschmecken.
Mit den gebräunten Zwiebeln übergießen und gleich servieren.

„[...] mir mit jedem Botentage etwas gutes Gebratenes, einen Karpaun, ja einen Truthahn zu schicken, [...]“

Gebratene Hähnchen

2 kleine Hähnchen, 4 Bund Petersilie, 50 g Butter, 200 ml Gemüsebrühe, 200 ml Sahne, Salz, schwarzer Pfeffer, Zucker.

Hähnchen mit kochendem Wasser innen brühen, mit Küchenpapier trocken tupfen und innen mit Salz und Pfeffer einreiben. Jeweils kleine Petersiliensträußchen in das Hähnchen legen. Dann verschließen. In einem Topf die Hähnchen allseitig in der Butter bräunen. Bei schwacher Hitze die Brühe zufügen und mit Salz und Pfeffer würzen. Unter einem Deckel noch etwa 45 Minuten schmoren, öfter wenden. Den Braten herausnehmen, Fond mit Sahne eindicken und mit etwas Zucker abschmecken.

*„Gestern war ich in Ettersburg.
Herzogin Louise war da und die Waldner.
Wie ists Ihnen bey der Martins Gans
gangen? […]"*

Martinsgans

1 Gans (etwa 4000 g), 200 g Brotwürfel vom Vortag, 250 ml Milch, 2 Eier, Salz, Pfeffer, Petersilie, Majoran, 200 g Äpfel, 1 Zwiebel, 1 TL Tomatenmark, 1 l Geflügelfond, 2 EL Speisestärke.

Brotwürfel mit Milch und Eiern mischen und würzen. Die Kräuter hacken und die Äpfel würfeln. Gewürfeltes Brot, Milch, Eier, Äpfel und Kräuter miteinander vermengen. Kurz ziehen lassen. Die Gans mit Salz und Pfeffer würzen, mit der Masse füllen und verschließen.

Die Gans in eine Fettpfanne setzen und 300 ml Wasser aufgießen. Im vorgeheizten Ofen bei 180 °C etwa $2^1/_2$–3 Stunden braten. Dabei immer wieder mit Bratensaft begießen.

Die Zwiebel würfeln und in einem Topf mit einem Teelöffel Gänsefett anschwitzen. Das Tomatenmark darin anrühren und anschließend mit dem Geflügelfond ablöschen. Den Fond sieben und nach Bedarf binden und evtl. noch einmal würzen. Mit Klößen und Rotkohl servieren.

rotwein
2005

„Vielleicht wäre er am besten in einer Pastete. Entscheiden Sie das und lassen mich möglich noch genießen."

Blätterteig-Pastete

200 g gekochtes Hühnerfleisch, 30 g Butter, 30 g Mehl, $^{1}/_{4}$ l Brühe, 1 Eigelb, Salz, Pfeffer, Zitronensaft, 100 g kleine Champignons, 50 g Butter, 8 Blätterteig-Pasteten, Zitronen.

Pilze putzen und eventuell halbieren. In Butter dünsten, etwas Zitronensaft zugeben.
Das Hühnerfleisch würfeln. Aus Butter, Mehl und Brühe eine Schwitze herstellen. Mit dem Eigelb legieren und mit Salz, Pfeffer und Zitronensaft abschmecken. Das Fleisch und die Pilze dazugeben, dann in die gewärmten Blätterteig-Pasteten einfüllen. Mit Zitronenspalten anrichten.

„[...] habe ich einen Karpfen von Winzerle für mein Geld kommen lassen."

Karpfenfilet unter Kräuter-Schmand

800 g Karpfenfilet, 320 g Schmand, je $^{1}/_{2}$ Bund Petersilie, Schnittlauch, Dill, 400 g Butter, 200 g Semmelmehl, je 200 g Zwiebeln, Möhren, Knollensellerie, Lauch, 600 g Kartoffeln, 2 Zitronen, 3 EL Olivenöl, Salz, Pfeffer.

Das entschuppte Filet in vier Stücke schneiden. Gehackte Kräuter unter den Schmand rühren, mit Salz und Pfeffer abschmecken. Gemüse in feine Streifen schneiden, mit Olivenöl zuerst Zwiebeln glasig anschwitzen, dann restliches Gemüse leicht braun anbraten, mit Salz und Pfeffer würzen. Gewürfelte Kartoffeln kochen. Filet im Sieb über einem Topf mit etwas heißem Wasser pochieren. Butter im Topf zerlassen. Gemüsestreifen auf einem Blech gleichmäßig ausbreiten, Karpfenstücke darauflegen, etwas Semmelmehl über das Filet streuen, Schmand darauf verteilen und glatt streichen. Dann mit restlichem Semmelmehl besteuen, einen Teil der zerlassenen Butter darübergeben und die Filets bei 250 °C im Ofen gratinieren, bis der Schmand leicht braun wird und eine Kruste hat.
In restlicher Butter die Kartoffeln in der Pfanne anschwitzen, mit etwas Wasser ablöschen, mit Salz und Pfeffer abschmecken. Mit Zitronenvierteln anrichten.

„Heute früh war ich in Belvedere, und haben gefischt und auf der Stelle gebacken […]“

Bachforelle in der Mandelkruste mit Salzkartoffeln

4 Forellen je 600 g, 80 g Mehl, 60 ml Pflanzenöl, 100 g gehobelte Mandeln, 2 Zitronen, 1 Bund Petersilie, Salz, Pfeffer.

Die ausgenommenen Forellen unter fließendem Wasser gut waschen, auf Küchentüchern abtrocknen, innen und außen mit Salz und Pfeffer einreiben, danach in Mehl wälzen.
Bei mittlerer Hitze in Pflanzenöl in einer Pfanne etwa 4 Minuten von jeder Seite durchbraten.
Die fertig gebratenen Forellen mit Mandeln bestreuen und in die Röhre geben und etwa 2 Minuten goldgelb abrösten.
Mit Zitronenspalten und frischer Petersilie garnieren, dazu Petersilienkartoffeln reichen.

„Von Dienstädt wo ich gefüttert habe noch ein Adieu. Mit Krebsen […] hab ich hier ein gut Mittagessen gehalten.“

Kräutersuppe mit Flusskrebsen

1 große mehligkochende Kartoffel, 1 Zwiebel, $^3/_4$ l Brühe, 50 g Spinat, 1 Bund glatte Petersilie, 1 Bund Schnittlauch, 1 Kästchen Kresse, 125 g Sahne, Salz, Pfeffer. Flusskrebse

Geschälte und gewürfelte Katoffel und Zwiebel etwa 15 Minuten in der Brühe garen. Spinat, Petersilie, Schnittlauch und Kresse gehackt dazugeben. Alles pürieren, mit Salz und Pfeffer abschmecken.
Das gegarte Flusskrebsfleisch in der Suppe erwärmen und servieren.

„Einen Gruß am Morgen und Artischocken, ich wünsche dass sie wohl schmecken mögen.“

Artischocken mit Tomaten

8 Miniartischocken, Saft einer Zitrone, Salz, 1 Knoblauchzehe, 1 Bund Schnittlauch, 1 Ei, 100 ml Olivenöl, 1 Msp. Senf, Pfeffer, Tomaten.

Kaltes Wasser und Zitronensaft in eine Schüssel geben. Artischocken waschen und die oberen Blattspitzen abschneiden. Die harten äußeren Blätter abziehen, den Stiel abschneiden. Dann in Zitronenwasser legen, damit sich die Artischoken nicht verfärben.

Die Artischocken in Salzwasser bei geringer Hitze kochen, bis sie weich sind. Knoblauch schälen und durch eine Presse drücken. Gewaschenen Schnittlauch klein schneiden. Das Ei trennen und das Eigelb schaumig rühren. Nach und nach Öl unter diese Masse rühren und auch Knoblauch und den Senf. Mit Salz und Pfeffer abschmecken. Den gehackten Schnittlauch und das Eiweiß unter die Mayonnaise heben.

Die Tomaten in Spalten schneiden. Die leicht abgekühlten Artischocken halbieren und mit der Schnittlauch-Mayonnaise und Tomaten anrichten

„Hier Spargel liebste Frau. Ein Wort wies Ihnen geht und ob Sie mich nach Tische wollen […]“

Spargel

2000 g Spargel, Salz, 1 TL Zucker.
Für die Sauce Hollandaise: 100 g Butter, 2 Eigelb,
Saft von $^{1}/_{2}$–1 Zitrone, Salz, Pfeffer.

Die Spargelstangen schälen und die holzigen Enden abschneiden. Spargel in einen weiten Topf geben und mit Wasser bedecken. Salz und Zucker hinzufügen und (je nach Dicke) in 15–20 Minuten gar kochen.
Für die Sauce Hollandaise: 2 EL Wasser in einer Schüssel über einen Topf mit kochendem Wasser stellen und erwärmen. Eigelb mit dem Schneebesen unterrühren, bis es gut vermischt ist. Die Schüssel aus dem Wasserbad nehmen und die weiche Butter nach und nach dazugeben, mit dem Schneebesen kräftig umrühren. Mit Zitronensaft, Salz und Pfeffer abschmecken.
Den Spargel mit reichlich Knochenschinken, Rührei und Früh-Kartoffeln servieren.

„Am Grünen Donnerstag hatten wir Kohlsprossen bestellt und Honig zum Nachtisch […]“

Rosenkohlsalat

500 g Rosenkohl, Salz, 1 kleine Zwiebel, 50 g entsteinte schwarze Oliven, 4 Tomaten, 2 Zweige Oregano, 100 g Frühstücksspeck in Scheiben, Pfeffer, 1 EL Zitronensaft, 4 EL Weißweinessig, 8 EL Olivenöl, 150 g halbfester Schafskäse.

Rosenkohl putzen, die Blättchen so weit wie möglich ablösen. Die Kohlköpfchen in kochendem Salzwasser 5 Minuten garen, die Blätter nur 2 Minuten. Alles eiskalt abschrecken.
Die Zwiebel fein würfeln und die Oliven vierteln. Die Tomaten putzen und achteln. Die gewaschenen Oreganoblättchen abzupfen und fein hacken.
Den Speck in kleine breite Streifen schneiden. In eine kalte Pfanne legen und diese erhitzen, bis der Speck darin knusprig gebraten ist.
Aus Salz, Pfeffer, Zitronensaft, Essig, Oregano und Öl eine Marinade rühren.
Den Schafskäse grob zerbröseln.
Den Rosenkohl mit Zwiebel, Tomaten, Oliven und der Marinade mischen.
Beim Servieren Schafskäse und Speck darüberstreuen.

„[…] sorge für Haus und Garten, grüße Herrn Meyer, und küsse den Kleinen und iß Deine Kohlrabi in Frieden."

Gefüllte Kohlrabi

4 mittelgroße Kohlrabi, Salz, 1 altbackenes Brötchen, 1 Zwiebel, 350 g Hackfleisch, frisch gemahlener weißer Pfeffer, edelsüßes Paprikapulver, Petersilie, 1 Ei, 80 g durchwachsener Speck in dünnen Streifen, Butter für die Form.

Die Kohlrabi schälen, die zarten grünen Blättchen waschen, klein schneiden und zugedeckt aufbewahren. Die Kohlrabi in kochendes Salzwasser legen und 20 Minuten kochen, dann abtropfen und abkühlen lassen. Von der Kohlrabibrühe etwa $^1/_2$ Tasse aufbewahren.

Von jeder Kohlrabiknolle einen Deckel abschneiden und die Kohlrabi aushöhlen. Das Kohlrabifleisch klein würfeln. Den Backofen auf 200 °C vorheizen. Das Brötchen in kaltem Wasser einweichen. Die Zwiebel schälen und klein würfeln. Das Hackfleisch mit den Kohlrabistückchen, der Zwiebel und dem ausgedrückten Brötchen, $^1/_2$ TL Salz, 1 Msp. Pfeffer, $^1/_2$ TL Paprikapulver, den klein geschnittenen Kohlrabiblättchen, 1 EL gehackter Petersilie und dem Ei verkneten. Die Kohlrabi in eine feuerfeste gebutterte Form setzen, mit der Hackfleischmasse füllen und den Deckel auflegen. Jeden Kohlrabi mit 2 Speckstreifen belegen. Die Brühe zugießen und die Kohlrabi im Backofen in etwa 25 Minuten garen.

„Sonst essen sie auch Früchte und grüne Bohnen die sie in Wasser absieden und mit Knoblauch und Oel anmachen."

Grüne Bohnen

1000 g grüne Bohnen, 100 g gewürfelter Speck, 2 EL Butter, Salz, Bohnenkraut, Petersilie, 200 ml Wasser.

Die vorbereiteten Bohnen zu dem Fett in einen Topf geben. Speck, Bohnenkraut, Salz und Wasser hinzufügen und 20–30 Minuten garen.
Das Bohnenkraut entfernen und die Bohnen mit gehackter Petersilie anrichten.

Salz

„Mein eigentlich Wohlleben ist aber in Früchten; Feigen ess ich den ganzen Tag."

Gebackene frische Feigen

12 frische Feigen, 1 EL klarer Honig, 1 EL zerlassene Butter, 1 Prise Bohnenkraut, frisch gemahlener schwarzer Pfeffer, Ziegenfrischkäse, rote Weintrauben.

Die Feigen der Länge nach aufschneiden und öffnen, ohne den Boden zu entfernen. Honig mit der zerlassenen Butter und dem Bohnenkraut mischen. Mit einem Pinsel die Honigmischung auf das Fruchtfleisch streichen.
Die Feigen einige Minuten unter den vorgeheizten Grill legen, bis sie zu karamelisieren beginnen. In jede Feige eine dünne Scheibe Ziegenfrischkäse geben und 2 bis 3 Minuten schmelzen lassen.
Mit einer Weintraube garnieren und warm mit Walnussbrot essen.

„Der Preßkopf und das Leberwürstchen dauert noch. Vom Wein schicke mir etwas Wertheimer […]“

Frankfurter Presskopf

300 g ausgelöster Kalbskopf, 1 Lauchstange, 1 Lorbeerblatt, 1 TL schwarze Pfefferkörner, 1 Bund Petersilie, Salz, 1 Schweinshaxe, 3 Möhren, $^1/_2$ Sellerieknolle, 4 Knoblauchzehen, 1 Thymianzweig, 2 EL Weißweinessig, schwarzer Pfeffer.

Den gewaschenen Kalbskopf und die Haxe in einem großen Topf mit Wasser bedeckt einmal aufkochen lassen, Wasser abgießen und nochmal das Fleisch abwaschen. Mit frischem Wasser erneut bedecken. Das geschälte und geputzte Gemüse, Lorbeerblatt, Knoblauch und Thymian dazugeben und alles zum Kochen bringen. Etwa 2 Stunden bei geringer Hitze köcheln, bis sich das Fleisch von den Knochen löst. Nach 60 Minuten das Gemüse aus dem Sud nehmen. Das Gemüse ohne Lauchstange erkalten lassen, dann fein würfeln und in eine Schüssel geben. Das gare Fleisch in Würfel schneiden und zu den Gemüsewürfeln geben. Den Sud zur Hälfte einkochen. Petersilie fein schneiden und zum Fleisch und Gemüse geben. Den reduzierten Sud durch ein Sieb passieren. Die Masse gut vermischen und mit Weinessig, 250 ml Sud, Salz und Pfeffer abschmecken. In eine Terrinenform drücken, mit einer Klarsichtfolie abdecken und im Kühlschrank etwa 1 Tag fest werden lassen.

„[…] Eine warme geräumige Stube nahm uns auf: Brot, Käse und trinkbarer Wein wurden aufgesetzt […]“

Brot mit Käse

4 Scheiben Weißbrot, Walnüsse nach Belieben, 1 reife Birne, Zitronensaft, Muskatnuss, 200 g reifer Brie, Pfeffer.

Backofen auf 190 °C Umluft vorheizen. Das Backblech mit Backpapier auslegen. Die Nüsse und das Brot 2–3 Minuten knusprig werden lassen. Den Käse in Scheiben schneiden und gleichmäßig auf den Brotscheiben verteilen. Geröstete Nüsse grob hacken und in den weichen Käse drücken. Die Birne in sehr dünne Scheiben hobeln und auf den Broten verteilen. Einige Spritzer Zitronensaft und geriebene Muskatnuss verrühren und über die Birnenscheiben träufeln. Zum Schluss mit etwas schwarzem Pfeffer aus der Mühle bestreuen.

AMTLICHE PRÜFUNGS-NUMMER

„[...] zum Nachtisch bringt man gewöhnlich eine gute Portion [...]"

Karthäuser Klöße

6 altbackene Brötchen, 2 Eier, $^1/_2$ l Milch, 2 EL Butter, 2 EL Zucker, Zimt.

Die altbackenen Brötchen werden rundherum mit einer Reibe abgerieben. Man teilt sie in vier Teile, weicht sei in der Eiermilch gut ein und wälzt sie dann in den abgeriebenen Brösel.n

Butter in einer Pfanne zerlaufen lassen, die Karhäuser goldbraun anbraten und zum Schluss in einer Zucker-Zimt-Mischung wälzen.

Dazu passt ein Kompott.

„[...] auch lege ich Samen bey, davon du die Hälfte jetzt auf ein wohlbestelltes Ländchen säen kannst."

Topinambur-Tortilla

500 g Topinambur, 1 Gemüsezwiebel, 200 g Champignons, 1 Bund Schnittlauch, Salz, Pfeffer aus der Mühle, 8 Eier, Öl zum Braten.

Die Topinambur schälen und in dünne Scheiben hobeln. Die Zwiebel pellen und würfeln, die Champignons säubern und in dünne Scheiben schneiden. Die Eier mit dem gehackten Schnittlauch, Salz und Pfeffer verquirlen. 2 EL Öl erhitzen, je ein Viertel der Topinamburscheiben, der Zwiebelwürfel und der Champignons zufügen und alles etwa 8 Minuten braten. Ebenfalls ein Viertel der verquirlten Eier daraufgeben und etwa 3 Minuten braten, dann wenden. Auf diese Weise vier Tortillas herstellen.

„Mir hat Philipp noch eine Eyerkuchen gebacken und darauf hab mich in blauen Mantel gehüllt [...]“

Eierkuchen mit Himbeeren

125 g Weizenmehl, 1/2 TL Salz, 600 ml Milch, 3 Eier, 3 EL Butter.

Zuerst Mehl und Salz mit der Hälfte der Milch, dann den Rest der Milch und die Eier zu einem glatten Teig schlagen. Zerlassene Butter in den Teig mischen. In der Bratpfanne dünne Eierkuchen backen.
Mit Himbeeren und Schlagsahne servieren.

„Nach dem aufgetragenen Dessert trat der Abt herein, begleitet von seinen ältesten Mönchen [...]“

In Rotwein gedünstete Pfirsiche

12 Pfirsiche, 1/2 l Portwein, 2 EL schwarze Pfefferkörner, 1 Flasche Rotwein, Schale einer Zitrone, 1 Vanilleschote, 5 EL Blütenhonig, 6 Lorbeerblätter.

Die Pfirsiche 2 Minuten in kochendem Wasser ziehen lassen, kalt abschrecken und häuten.
Den Portwein, die Zitronenschale, die Vanilleschote, die Lorbeerblätter und die Pfefferkörner in einem Leinensäckchen hinzufügen.
Aufkochen und mit dem Honig süßen.
Die Pfirsiche in den Rotwein geben, zum Kochen bringen und 10 Minuten bei mäßiger Hitze ziehen lassen. Die Früchte im geschlossenen Topf erkalten lassen.

BARON

„Fritz setzt sich eben zu mir und lässt sich gekochte Kirschen mit einer recht süßen Sauce schmecken [...].“

Kirschen mit Vanillesauce

750 g Kirschen, 100 g Zucker, 50 ml Wasser, 50 ml Wein, 1 Stückchen Zimt, 1 EL Speisestärke.
500 ml Milch, 1 Vanilleschote, 4 EL Vanillezucker, 2 Eier.

Die entsteinten Kirschen mit Wasser, Wein, Zucker und dem Zimt in einem Topf aufkochen. Mit einem Schaumlöffel herausnehmen und den Saft mit der Speisestärke andicken.
Vanilleschote längs aufschneiden und das Mark herauskratzen. Vanilleschote und das Mark mit der Milch in einen Topf geben und einmal aufkochen lassen, dann noch etwa 15 Minuten ziehen lassen.
Die Eier mit dem Zucker schaumig schlagen und unter ständigem Rühren nach und nach in die Milch geben.

„Der Meys den sie auch gelbe Blende nennen, weil seine Körner gelb sind, und die schwarze Blende werden gemahlen […]“

Polenta

500 ml kräftige Gemüsebrühe, 1 zerdrückte Knoblauchzehe, 2–3 Thymianzweige, 125 g Maisgrieß, 50 g Butter, 50 g geriebener Parmesan, 2 EL geschlagene Sahne.

Knoblauch und Thymian in der Gemüsebrühe aufkochen und dann entfernen. Maisgrieß in die Brühe einrühren und 10 Minuten ausquellen lassen. Öfter umrühren. Butter und Parmesan unterrühren. Zum Schluss 2 EL geschlagene Sahne unterheben.

*„[…] wo eine unabsehbare Reihe Johannis-
beerbüsche unserer Gierigkeit eine Folge von
Ernten […] eröffnete."*

Johannisbeerschaum

3 Eier, 3 EL Zucker, 1 geh. TL. gem. Gelatine, 2 EL Weinbrand,
250 g Johannisbeeren, 2 EL Zucker.

Eier mit Zucker, Gelatine und Weinbrand auf Wasserdampf schaumig rühren und danach kalt stellen. Die gezuckerten Johannisbeeren in 4 Gläsern verteilen und mit der abgekühlten, aber noch nicht gestockten Eimasse bedecken. Das Dessert in den Kühlschrank stellen.
Mit in Zucker gewendeten Johannisbeertrauben garnieren und servieren.

„[...] den morgenlichen Weinschaum für heute [...] und mir ein ganz vortreffliches Zwischenessen bereitet."

Weinschaum mit Pflaumen

6 Eigelb, 75 g Zucker, $^1/_8$ l Weißwein.
500 g Pflaumen, 150 g Zucker, 1 Stück Zimt, 1 Stück Zitronenschale.

Eigelb und Zucker schaumig rühren. Den Wein nach und nach dazugeben. Über einem Wasserbad dickschaumig aufschlagen.
Die Pflaumen halbieren und entsteinen. Den Zucker mit 3 EL Wasser, der Zitronenschale und dem Zimt blasig kochten dann die Früchte dazugeben und gardünsten.

„Ich schicke hierbei schöne Erdbeeren und wünsche, dass sie gut angekommen sind."

Umhüllte Erdbeeren

700 g mehligkochende Kartoffeln, 150 g Mehl, 2 Eigelb, $^{1}/_{2}$ TL Salz, 8 mittelgroße frische Erdbeeren, 1 EL Kartoffelmehl, 100 g Butter, 100 g Zucker, 1 gestr. EL Zimt.

Geschälte Kartoffeln kochen, abgießen und durch die Kartoffelpresse drücken. Die gepressten Kartoffeln, Eigelb, Salz und Mehl zu einem Teig verarbeiten. 15 Min. ruhen lassen. Den Teig in 8 Portionen teilen. Klöße formen, in die Mitte eine Erdbeere einarbeiten. Dafür die Hände mit dem Kartoffelmehl einreiben. In reichlich leicht siedendem Salzwasser gar ziehen lassen. Butter und Zucker schmelzen und mit Zimt mischen. Klöße anrichten und mit Zimtbutter servieren.

Zimt

„Deiner süssen Liebe schönes Zeichen,
und einige Frankfurter Marzipane
schick ich dir“

Frankfurter Brenten

500 g Rohmarzipan, einige Tropfen Rosenwasser,
120 g Puderzucker, 20 g Mehl, 1 Eiweiß.

Rohmarzipan mit einigen Tropfen Rosenwasser, Puderzucker und dem rohen Eiweiß zu einem festen Teig verarbeiten. Etwas ruhen lassen, dann auf einem mit Zucker bestreuten Brett etwa 4 cm dick ausrollen.
Die Holzformen mit Mehl ausstreuen und in den Teig drücken. Dann vorsichtig aus der Form auf ein bemehltes Brett stülpen und 24 Stunden an der Luft, im geschlossenen Raum, trocknen lassen.
Ein Backblech mit gefettetem Pergamentpapier auslegen, Brenten daraufsetzen und bei 160 °C etwa 25 Minuten backen, bis sie hellbraun werden.

„[…] an trüben Wintertagen den beiden Buben zu sonnenfreundlichen Gesichtern […]“

Offenbacher Pfeffernüsse

2 Eier, 250 g Zucker, 1 EL Rum, abgeriebene Schale einer halben Zitrone, je 1 Msp. Nelken, Piment und Muskat, 1 Prise Pfeffer, 1 gestrichener TL Zimt, 250 g Mehl, 50 g Speisestärke, 1 TL Backpulver, 75 g fein geschnittenes Zitronat.

Eier schaumig schlagen, nach und nach Zucker dazugeben und cremig rühren. Mehl mit Speisestärke und Backpulver sieben, mit den Gewürzen und Zitronat an die Eiermasse geben, den Rum hineinmengen und einen glatten Teig kneten. 60 Minuten ruhen lassen. 10 mm dick ausrollen und kleine runde Plätzchen ausstechen. Auf gefettetem Blech bei 190–200 °C in 10–15 Minuten backen.

„Die Chocolade fängt an mir zu fehlen.
Schicke mir doch welche […]“

Schokolade im Glas

200 g Vollmilchkuvertüre, Schale von einer Orange,
250 ml Schlagsahne, 3 EL Zucker, 350 ml Milch.

Zuerst die Vollmilchkuvertüre grob hacken. In 100 ml Sahne die Orangenschale aufkochen, danach den Zucker und die grob gehackte Kuvertüre zugeben und durch Rühren auflösen. Die Milch dazugeben und auf etwa 70 °C erwärmen. Die übrig gebliebene Sahne steif schlagen. Durch ein Sieb die Orangenschokolade in die Gläser füllen und vor dem Servieren mit einer Sahnehaube garnieren.

„Kein anderer Wein will mir schmecken, und ich bin verdrießlich, wenn mir mein Lieblingsgetränk abgeht."

Maibowle

1 Sträußchen Waldmeister, etwa 5 g, 1 l trockener Weißwein,
2 l klarer Apfelsaft, 1 Zitrone, 1 Flasche Sekt.

Waldmeister (nur vor der Blüte verwenden) einen Tag lang anwelken lassen, da er erst dann sein volles Aroma entfaltet. Die Stängel mit einem Faden zusammenbinden, das Sträußchen unter kaltem Wasser abspülen. In ein Bowlengefäß den Wein gießen, den Waldmeister in den Wein hängen. Die Stielenden sollen nicht mit dem Wein in Berührung kommen. Eine halbe Stunde zugedeckt ziehen lassen, dann die Kräuter herausnehmen. Apfelsaft dazugeben. Zitrone in Scheiben schneiden und hinzufügen, alles kühl stellen.
Kurz vor dem Servieren den gut gekühlten Sekt zugießen.

Inhalt

Porträt Johann Wolfgang von Goethe: Ölgemälde von Joseph Karl Stieler, 1828 (Ausschnitt)

Die Rezepte sind, wenn nicht anders angegeben, für vier Personen berechnet. Alle Rezepte und Tipps sind mit Sorgfalt ausgewählt und geprüft. Eine Haftung des Verlages und seiner Beauftragten für Schäden an Personen, Sach- und Vermögensgegenständen ist ausgeschlossen.

Bibliografische Information der Deutschen Nationalbibliothek

Die Deutsche Nationalbibliothek verzeichnet diese Publikation in der Deutschen Nationalbibliografie; detaillierte bibliografische Daten sind im Internet über http://dnb.dnb.de abrufbar.

Gesammelt und ausprobiert vom Kochstudio ppfotodesign Frauke Pump.

Gesamtherstellung: Husum Druck- und Verlagsgesellschaft
Postfach 1480, D-25804 Husum – www.verlagsgruppe.de

ISBN 978-3-89876-889-4